BLACK HAT
SEO
Für Anfänger

INHALT

Einführung   3
Genau wie bei the movies...   6
Vorbereitungen up correctly   8
    Machen Sie Ihre Domain zu einer Black Hat Domain. names private 9
    Benutzen Sie eine freundliche web host   10
    Verstecken behind proxies   10
Fokussierung auf die Natur search results   15
SEO nie stands still   18
Warum ein schwarzer Hut? SEO tactics?   21
    Ich möchte anfangen earning now!   21
    Die Verwendung von Cloaking ist nicht möglich. always evil!   23
Die Bedeutung von incoming links   24
BlackHat link building   25
    Kommentar spamming   25
    Spamming the forums   26
    Treffer trackbacks   28
    Gästebuch Komentare   29
    Aufbau einer blog farm   30
Ein kurzer Blick auf White Hat linking   33
Standort creator software   34
    Fazit   35

EINFHRUNG

Wenn Sie eine Website haben, von der Sie versuchen, Geld zu verdienen, müssen Sie Besucher auf dieser Website haben, um dies zu tun.

Es ist ein wenig wie ein Geschäft in der örtlichen Hauptstraße oder Einkaufszentrum. Wenn niemand jemals Ihren Laden findet und hineingeht, dann spielt es keine Rolle.
wie stilvoll Ihre Produkte sind, oder wie konkurrenzfähig Ihre Preise, Sie werden nie irgendwelche Verkäufe machen, bis Sie anfangen, potenzielle Kunden anzuziehen.

In der Welt des Online-Geschäfts gelten die gleichen Regeln. Keine Besucher auf Ihrer Website ist genau das Gleiche wie keine potenziellen Kunden, die in Ihren realen Shop gehen und keine Verkäufe.

Daher müssen Sie Taktiken und Methoden anwenden, die sicherstellen, dass Ihre Website Hunderte oder vielleicht sogar Tausende von Besuchern pro Tag genießt.

Es gibt viele verschiedene Möglichkeiten, dies zu tun, und sobald Ihr Unternehmen besser etabliert ist, sollten Sie jede Taktik zur Generierung von Traffic verwenden, von der Sie wissen, um die Anzahl der Besucher zu maximieren, die Sie genießen.

Jedoch sind einige der schnellsten und effektivsten Methoden, um Leute dazu zu bringen, Ihre Verkaufsseite zu besuchen, diejenigen, die auch Geld kosten, und das kann Geld sein, das Sie im Moment nicht zur Verfügung haben.

Wenn Sie beispielsweise das Online-Werbeprogramm AdWords Pay-Per-Click von Google nutzen, werden Besucher innerhalb weniger Stunden auf Ihrer Seite landen, so dass es in dieser Hinsicht äußerst effektiv ist. Jedoch es sei denn, Sie wissen genau, was Sie tun, wenn Sie Ihre AdWords-Kampagne erstellen, kann es eine sehr teure Methode sein, Besucher anzuziehen, und die Zahl der neuen Internet-Marketingspezialisten, die streng durch ihre ersten paar AdWords-Kampagnen 'verbrannt' wurden, sind Legion.

Es gibt noch einen anderen Faktor, den Sie ebenfalls berücksichtigen müssen.

Online-Werbeprogramme wie AdWords sind immer noch äußerst effektiv, aber sie werden immer weniger, da die Menschen sich bewusst werden, dass, wenn sie "Gesponserte Links" auf einer Seite sehen, dies bedeutet, dass sie sich mit bezahlter Werbung befassen.

Menschen im Allgemeinen und Internetnutzer im Besonderen scheinen eine zunehmende Abneigung gegen den Besuch von Websites zu haben, die bezahlte Werbung zur Förderung ihrer Produkte und Dienstleistungen nutzen, vielleicht weil sie glauben, dass Websites, die für Werbung bezahlen, immer diejenigen sein werden, die versuchen, ihnen etwas zu verkaufen.

Trotz allem, was diejenigen von uns, die internetbasierte Unternehmen betreiben, glauben möchten, surfen die meisten Menschen nicht im Internet mit der Absicht, etwas zu kaufen. Sie tun dies, um Informationen und Antworten auf die Fragen zu erhalten, die sie haben, und in der Regel versuchen sie, diese Informationen kostenlos zu finden.

Till Griemhard

Unter Berücksichtigung dieses Faktors ist es sinnvoll, dass man nach Möglichkeit das Anklicken von Anzeigen vermeidet.

Gleichzeitig ist jedoch auch die Art und Weise, wie diese Informationssuchenden nach den gewünschten Informationen suchen, ziemlich genau in Stein gemeißelt. Sie öffnen ihre bevorzugte Suchmaschine, geben das Wort oder den Satz ein, nach dem sie suchen möchten, und drücken die Taste "Enter".

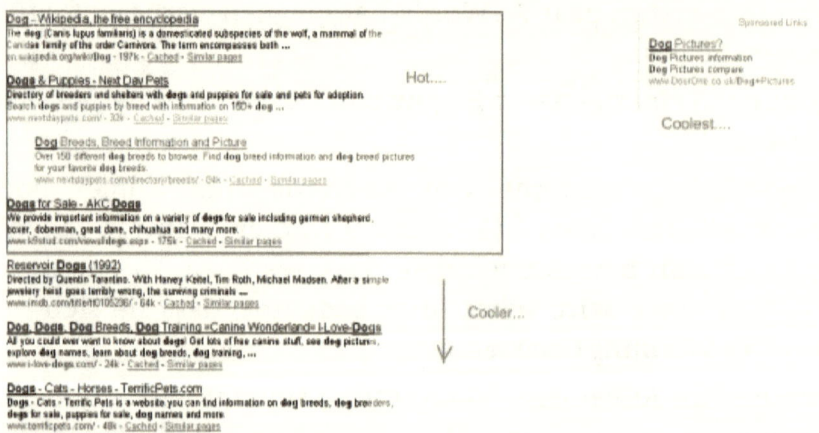

Dies wird eine Seite mit Suchmaschinenergebnissen hervorbringen, die ihnen die zehn beliebtesten Websites zeigt, die mit diesem Satz auf der linken Seite der Seite in Verbindung stehen, zusammen mit einer Handvoll Anzeigen auf der rechten Seite.

Umfangreiche aktuelle Untersuchungen haben gezeigt, dass Sucher fast immer auf die oberen Ergebnisse auf der linken Seite der Seite klicken und sich dann durch diese Top-Ten-Ergebnisse arbeiten, um das zu finden, wonach sie suchen.

Wenn sie die Informationen, die sie dabei suchen, nicht

finden können, dann können sie auf eine Anzeige klicken, oder sie können zur zweiten Seite der Ergebnisse wechseln und sich die natürlichen (organischen) Suchergebnisse ansehen, die auf den Positionen 11-20 für den gesuchten Begriff angezeigt werden.

Wenn Sie Ihre Seiten in die Top Ten oder 20 der natürlichen Suchmaschinenergebnisse bringen können, sind die Chancen, dass Sie Besucher anziehen können, sehr gut. Das ist natürlich auch das Ziel aller anderen, so dass der Wettbewerb um die begehrten Top-Ten-Plätze extrem heftig sein kann.

Trotz dieser Konkurrenz müssen Sie alles tun, was Sie können, um Ihre Seite vorgestellt, und eine der Möglichkeiten, wie Sie dies tun, ist durch die Anwendung der so genannten Suchmaschinenoptimierung (oder SEO) Taktik zur Erstellung Ihrer Seiten.

Einige dieser SEO-Taktiken sind bekannt als "White Hat"-Taktiken, während andere manchmal als "Grauer Hut" und dann gibt es noch "Black Hat"-SEO-Taktiken. Es ist mit dem letzteren insbesondere, dass dieses Buch betroffen ist, so dass das erste, was man sich ansehen sollte, ist, was genau sind Black Hat SEO Taktiken?

GENAU WIE IM KINO.....

Wie in den alten "westlichen" Cowboyfilmen soll das Konzept der Schwarz-Weiß-Hut-Taktik zwischen den Guten und den Bösen unterscheiden.

Es ist jedoch wichtig zu verstehen, wer es ist, der diejenigen definiert, die die Guten mit den weißen Hüten und die Bösen mit den schwarzen Hüten sind.

Der erste und vielleicht wichtigste Punkt, der über diejenigen zu sagen ist, die Black-Hat-Taktiken verwenden, ist, dass sie nichts tun, was illegal ist (zumindest die Mehrheit von ihnen nicht), und in den meisten Fällen die Taktiken, die sie anwenden, um sicherzustellen, dass ihre Website in den Suchmaschinenergebnissen gut funktioniert, nicht einmal unethisch sind.

Allerdings haben die Suchmaschinen Regeln darüber, was sie für akzeptable Werbe- und Marketingpraktiken halten, und sie halten alles, was außerhalb dieser Regeln liegt, für einen Black Hat. Mit anderen Worten, diejenigen, die Black Hat Taktiken anwenden, tun nicht unbedingt etwas Falsches, es ist nur, dass sie die Regeln brechen oder verbiegen, die für die Art und Weise, wie sie das Internet von Google oder Yahoo! nutzen, auferlegt werden....

Es ist daher sinnvoll, hier ein paar Fragen zu stellen.

Erstens, warum glauben die mega-reichen Unternehmen wie Google oder Yahoo!, dass sie das Recht haben, anderen Internetnutzern Regeln aufzuerlegen? Sie besitzen nicht das Internet, obwohl Verhaltensweisen wie das Auferlegen von Regeln darauf hindeuten könnten, dass sie anders glauben.

Zweitens, wer sind diese Regeln, die ziemlich willkürlich von den Oberherren der Suchmaschine erstellt werden, um davon zu profitieren?

Natürlich werden die Suchmaschinenbetreiber verkünden, dass sie diese Regeln auferlegen, um ihre Benutzer zu schützen und sicherzustellen, dass sie bei jeder Nutzung dieser speziellen Suchmaschine ein qualitativ hochwertiges Erlebnis genießen.

Es gibt etwas Wahrheit in diesem, denn die Qualität der Ergebnisse, die die Suchmaschinen liefern, hat sich in den letzten Jahren definitiv verbessert.

Allerdings besteht kein Zweifel daran, dass die Hauptbegünstigten dieser Auferlegung von Regeln und Vorschriften die Eigentümer und Aktionäre von Websites wie Google und Yahoo! waren.

Aus diesem Grund ist es an sich nicht falsch, Black-Hat-Taktiken auf den Prozess der Standortoptimierung anzuwenden, obwohl es natürlich Sache jedes einzelnen Standortbesitzers ist, zu entscheiden, was für ihn akzeptabel ist und was nicht.

Wie bereits angedeutet, gibt es einige ernsthafte Black Hat Experten, deren Praktiken und Verhalten an das Illegale grenzen, aber dieses Buch befasst sich nicht mit diesen Arten von Taktiken, einfach weil sie viel zu gefährlich für jeden Black Hat Anfänger sind, um darin verwickelt zu werden.

Was ich jedoch abdecken werde, sind die meisten der grundlegenden Black-Hat-Taktiken, die Vermarkter verwenden, um ihre Websites in die Top Ten der Suchergebnisse zu bringen, so dass Sie wissen, wie es gemacht wird.

Die Leute, die die großen Suchmaschinen betreiben, sind nicht sehr glücklich, wenn sie Taktiken anwenden, die ihre Regeln verbiegen oder brechen. So ist es ein recht häufiges Phänomen, dass Websites von den Suchmaschinenspidern gefunden und in den Ergebnissen aufgelistet werden (bekannt als "Indexierung"), nur um dann ziemlich bald nach der Entdeckung, dass sie Black-Hat-Taktiken verwenden, von der Liste gestrichen zu werden.

Während die Website jedoch noch indiziert ist und in den Suchmaschinenergebnissen recht gut platziert ist, sollte sie gutes Geld für Sie verdienen, so dass eines Ihrer Ziele darin bestehen sollte, die Website so lange wie möglich am Leben zu erhalten, indem Sie die Erkennung vermeiden.

Das ist eines der Geheimnisse einer erfolgreichen Black Hat SEO Politik, und etwas, über das Sie in diesem Buch wesentlich mehr erfahren werden.

RICHTIGES EINRICHTEN

Jeden Tag gibt es Hunderte oder vielleicht Tausende von Menschen aus allen Teilen der Welt, die beschließen, dass sie ihre Hand daran setzen möchten, online Geld zu verdienen.

Einige dieser Menschen werden erfolgreich sein, aber die überwiegende Mehrheit nicht, und einer der größten Unterschiede zwischen den beiden Gruppen besteht darin, dass die Menschen, die erfolgreich sind, nach einem Plan arbeiten und dazu neigen, auch extrem gut organisiert zu sein.

Eine andere Sache, die sie alle ohne Fehler tun, ist, alle Informationen zu verfolgen, die sie ihre Hände auf über ihre Website-Besucher legen können, denn das sind die Informationen, die es ihnen ermöglichen, ihre Marketing-Bemühungen zu optimieren und zu verfeinern, so dass sie immer erfolgreicher werden.

Vielleicht haben Sie noch nie darüber nachgedacht, aber jedes Mal, wenn Sie eine Website besuchen, hinterlassen Sie eine sehr große Menge an Informationen über Ihren Besuch auf dieser Website, wenn Sie diese verlassen.

Wenn Sie Ihre eigene Website haben, können Sie dies selbst testen, indem Sie sich alle eingebauten Statistikprogramme ansehen, die Ihr Webhost in Ihrem Account-Paket enthält.

Wenn Ihr Webhost beispielsweise ein Bedienfeld zur Verfügung stellt, über das Sie Ihre Website verwalten, suchen Sie nach dem Symbol "Web/FTP-Statistiken", klicken Sie darauf und melden Sie sich bei einem der Statistikprogramme an, die Sie dort finden. Ich bevorzuge die Verwendung von Awstats:

Web / Ftp Statistics

In this area you can view statistics about you the statistical reports are updated every 24 h wish to compare data from each statistics pr ensure that it has been updated and is prov and are subject to change based on the amc

>>> Analog
Analog produces a simple summary of a lightweight statistics.

>>> Awstats
Awstats produces very pretty stats.

Was Awstats Ihnen sagen wird, ist so ziemlich alles, was es über die Menschen zu wissen gibt, die Ihre Website besuchen - welches Betriebssystem und welchen Webbrowser diese Menschen verwenden, aus welchen Ländern und Websites sie kommen, welche Keywords den Traffic auf Ihre Website lenken, wie lange die Menschen auf Ihren Seiten bleiben und so weiter. Mit anderen Worten, jedes Mal, wenn jemand Ihre Website besucht, wird fast alles, was er tut, während er dort ist, für Sie aufgezeichnet.

Genau das Gleiche wird passieren, wenn du auch die Seiten anderer Leute besuchst. Jedoch wenn die Geldverdienenaufstellungsorte, die Sie aufbauen, Black Hat sind, dann dann

Sie wollen den "Footprint", den Sie irgendwo im Netz hinterlassen, so weit wie möglich minimieren.

Hier sind einige der Schritte, die Sie unternehmen können, um dies zu tun.

Machen Sie Ihre Black Hat Domainnamen privat.

Wenn Sie zum ersten Mal damit beginnen, Ihre Black-Hat-Seiten zu erstellen, sollte jede mit einem neuen Domainnamen erstellt werden, den Sie speziell für den Aufbau dieser Website registriert haben.

More Great Deals!	Domain Pricing Per Year All prices are listed in United States dollars ($).			
		1 yr	2 yrs	5 yrs	10 yrs
Risk Free Transfers - Includes a 1-year extension. Starting at $6.95!	SAVE! .COM*	6.95	6.95	6.95	6.95
Private Registrations - No spam, scams, or prying eyes! Only $8.95/yr!	SAVE! .INFO*	1.99	4.99	6.79	7.39
	.MOBI*	14.99	14.99	14.99	14.99
Bulk Domains - Save when you register multiple domains with special bulk pricing!	.NET*	9.99	9.99	9.99	9.99
	.ORG*	9.99	9.99	9.99	9.99
	.TV	44.99	44.99	44.99	44.99
Domain Name Appraisal - Get an expert evaluation of what a domain name is worth. From just $4.99!	.US	9.99	9.99	9.99	9.99
	.BIZ*	9.99	9.99	9.99	9.99
	.WS	9.75	9.65	9.35	8.95
	.NAME*	9.75	9.75	9.75	9.75

Wenn Sie kein bevorzugtes Domain-Namen-Register haben, empfehle ich Ihnen cheap-domainregistration.com, denn wie der Name schon sagt, sind sie billig, aber auch äußerst effizient:

Wie Sie hieraus ersehen können, sind zum Zeitpunkt des Schreibens .com-Domainnamen für 6,95 $ verfügbar.

Während unter normalen Umständen, wenn Sie eine Website erstellen, die Sie mehrere Jahre lang nutzen möchten, wäre eine .com-Domain immer die beste Wahl, in diesem Fall ist die Tatsache, dass die meisten Black-Hat-Sites in der Regel für eine relativ kurze Zeit in der Nähe sind.

Aus diesem Grund sollte auch eine .info-Domain die Arbeit perfekt machen, und diese sind für nur 1,99 Dollar pro Jahr erhältlich.

Beachten Sie auch, dass links neben der oben gezeigten Tabelle erwähnt wird, dass die "Private Registrierung" für 8,95 $ pro Jahr erhältlich ist. Dies ist etwas, das Sie wirklich zu jeder Domain hinzufügen sollten, die Sie für Zwecke registrieren, die in irgendeiner Weise Black Hat sind, denn es bedeutet, dass alle Ihre persönlichen Daten völlig privat gehalten werden.

Andernfalls kann jeder, der entdeckt, dass Sie etwas mit einer Website machen, die den Suchmaschinen nicht gefällt, eine so genannte Whois-Suche durchführen, um alle persönlichen Informationen herauszufinden, die Sie registrieren müssen, wenn Sie keine private Registrierung zu Ihrer Domain hinzufügen.

Wenn Sie also einen.info-Domainnamen verwenden, dann sehen Sie für Ihre neue URL eine Gesamtrechnung von 10,94 $ pro Jahr.

Übrigens wird es normalerweise empfohlen, dass Sie neue Domains für mindestens zwei Jahre registrieren, und nicht nur für eine, da die Suchmaschinen die Website, die Sie unter dieser Domain aufbauen, etwas ernster nehmen.

Das ist hier keine Überlegung, also ist eine einjährige Registrierung für Ihre Website in Ordnung, aber lassen Sie Ihr Selbst nicht offen, indem Sie die private Registrierung ignorieren.

Verwenden Sie einen freundlichen Webhost
Nicht alle Webhosts sind zufrieden mit Kunden, die ihre Dienste nutzen, um Black-Hat-Sites zu erstellen, vor allem, weil, wenn Sie dies mit ihren Shared Hosting-Diensten tun (was, da sie der günstigste Hosting-Dienst sind, mit ziemlicher Sicherheit der Fall sein wird), Ihre Black-Hat-Aktivitäten dazu führen könnten, dass eine ihrer IP-Adressen auf die schwarze Liste gesetzt wird.

Das kann für sie zu Problemen führen, da es sich nachteilig auf das Konto anderer Kunden auswirken kann, denen sie die gleiche IP-Adresse zugewiesen haben.

So ist es wichtig, einen Webhoster zu wählen, der zumindest die Augen vor Ihren Black-Hat-Aktivitäten verschließt und Ihre Website (und möglicherweise Ihr Konto) nicht schon beim geringsten Hinweis auf Probleme schließt.

Es wird ein Element des Rätsels sein, das hier mit einbezogen wird, da kein Web-Host die Leute aktiv ermutigen wird, sie für Black-Hat-Aktivitäten zu verwenden, wegen der Risiken für ihr eigenes Geschäft, wenn Sie sich dafür entscheiden sollten.

Es gibt jedoch einige Hosting-Forum-Seiten zur Verfügung, wo Sie herausfinden können, welche Hosts andere Leute verwenden, wie z. B. das ausgezeichnete Web Hosting Talkforum . Werfen Sie dort einen Blick darauf, welche Hosts andere Leute gerade empfehlen.

Verstecken hinter Proxies

Wenn Sie sich direkt mit einer Website verbinden, hinterlassen Sie sehr deutliche Spuren, dass Sie dort waren, wie zuvor festgelegt.

Wenn Sie sich jedoch über einen so genannten Proxy-Server mit dem Netz verbinden, kann das Bild sehr unterschiedlich sein.

Grundsätzlich, wenn Sie sich mit dem Netz über einen Proxy-Server verbinden, leiten Sie diese Verbindung über einen anderen Computer oder ein anderes Netzwerk von Computern weiter, so dass alle Informationen, die auf den von Ihnen besuchten Websites hinterlassen werden.

die sich auf den Computer beziehen, über den Sie weitergeleitet wurden, und nicht auf Ihren Computer oder Ihre IP-Adresse.

Es gibt jedoch verschiedene Arten von Proxy-Servern, und Sie müssen sicherstellen, dass Sie den richtigen Typ verwenden, wenn Sie verbergen wollen, was Sie tun. Zum Beispiel verbirgt ein transparenter Proxy-Server nichts über Sie, so dass die Website, die Sie besuchen, in der Lage sein wird, alle Ihre Informationen auf die normale Weise zu sehen.

Wenn Sie jedoch einen anonymen oder (noch besser) einen hochgradig anonymen oder elitären Proxy-Server verwenden, dann wird die Website, die Sie besuchen, oder die Person, an die Sie während der Nutzung des Proxy E-Mails senden, nichts über Sie erfahren.

Der andere Vorteil der Verwendung eines Proxy-Servers besteht darin, dass Sie in der Regel vor Viren, Trojanern, Key Loggern, Spyware und anderen Formen von Malware geschützt sind, da der Proxy als "Gateway" fungiert, über das alle ein- und ausgehenden Daten zu und von Ihrem Computer laufen müssen.

Das einzige Problem bei der Verwendung von Proxy-Servern ist, dass manchmal der Computer, der als Proxy für Sie fungierte oder fungiert, ausgeschaltet wird und Sie so Ihre Verbindung verlieren. Aus diesem Grund ist es wichtig, dass unabhängig davon, wie Sie auf einen anonymen Proxy-Server zugreifen, die Informationen, die Sie verwenden (und insbesondere die URL des Proxy, mit dem Sie verbunden sind), in den letzten Minuten getestet wurden.

Es gibt einige verschiedene Möglichkeiten, wie Sie aktuelle Proxy-Serverlisten finden können, die Ihnen zur Verfügung stehen.

Option eins ist, Software zu kaufen, die herausgeht und

Phasenproxyserveraufstellungsorte für Sie findet, wann immer Sie online in einer total anonymen Art und Weise sein möchten.

Der Vorteil eines Programms wie Proxy Finderis ist , dass Sie daher immer wissen, dass der Proxy, den Sie verwenden möchten, live und online ist, aber das Programm kostet Geld.

Die nächste Option ist die Verwendung einer der Proxy-Sites, die auf einer solchen one Website aufgeführt sind. Klicken Sie einfach auf einen beliebigen Link auf der Seite, um zu einer Proxy-Site zu gelangen, geben Sie die URL der Website ein, die Sie anzeigen möchten, und klicken Sie auf die Schaltfläche "Enter".

Die dritte Option, und mein persönlicher Favorit, ist das Herunterladen und Installieren eines kostenlosen Plugins für den Firefox-Webbrowser, mit dem Sie mit nur wenigen Mausklicks völlig anonym online sein können.

Das Plug-in oder Add-on heißt Proxysel und kann hier kostenlos heruntergeladen werden. Installieren Sie es und starten Sie dann Firefox neu, um die Software zu aktivieren.

Sie sollten nun oben auf dem Bildschirm ein Fenster sehen, das ein wenig so aussieht, außer dass Ihres leer ist, da Sie noch keine Proxy-Server "hochgeladen" haben:

Das ist also der nächste Job.

> Here you can find a links to the most widespread proxy types. Just click one of the the link below to get the most up-to-date proxylists.
>
> - high anonymous proxy list (detailed CSV file)
> - full proxy list (detailed CSV file)
> - us proxy list (detailed CSV file)
> - high anonymous us proxy list (detailed CSV file)
> - anonymous proxy list (detailed CSV file)
> - port 80 proxy list (detailed CSV file)
> - transparent proxy list (detailed CSV file)
> - high anonymous 80 proxy list (detailed CSV file)
> - port 8080 proxy list (detailed CSV file)
> - eu proxy list (detailed CSV file)
> - port 3128 proxy list (detailed CSV file)
> - socks proxy list (detailed CSV file)
> - br proxy list (detailed CSV file)
> - ssl enabled proxy list (detailed CSV file)

Gehen Sie zu Checked Proxy List sand scrollen Sie die Seite nach unten, bis Sie den Bereich sehen, in dem die verschiedenen Listen verfügbar sind:

Die Datei, die Sie verwenden müssen, ist die ganz oben, die "hochanonyme Proxy-Liste".

Laden Sie die detaillierte CSV-Datei herunter, indem Sie auf den Link in den Klammern klicken.

Gehen Sie nun zurück zum Proxysel-Fenster oben in Ihrem Browser und klicken Sie mit der linken Maustaste auf das Wort 'Proxysel' selbst. Klicken Sie anschließend auf 'Import - Export Proxylist' > 'Import List' > 'and overwrite Proxylist':

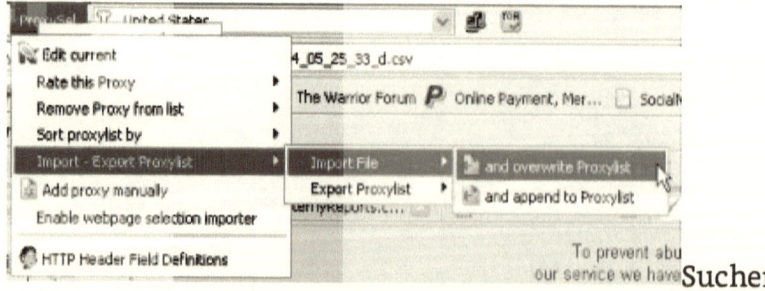

Suchen

Sie nach der CSV-Datei, die Sie gerade heruntergeladen haben, und klicken Sie auf sie im Fenster, um sie zu Proxysel hinzuzufügen.

Sie sollten nun eine Bestätigung sehen, dass alle im CSV enthaltenen Proxy-Adressen dem Programm hinzugefügt wurden, und wenn Sie auf die Schaltfläche

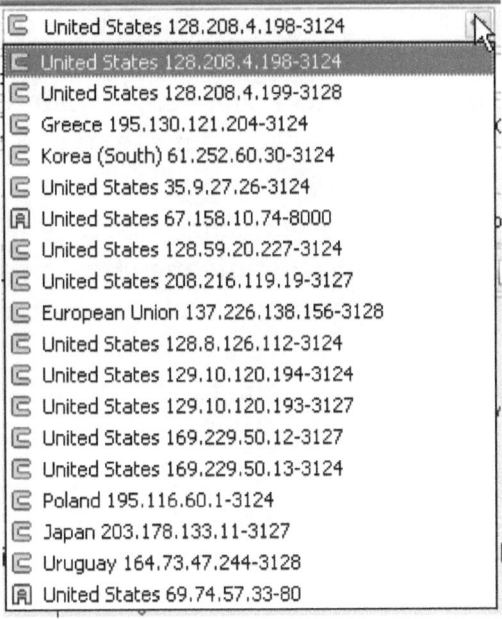

das Dropdown-Symbol rechts neben dem Proxysel-Fenster, sollten Sie die vollständige Liste der Proxies sehen können, die Sie gerade hinzugefügt haben:

Um einen der aufgelisteten Proxies zu verwenden, markieren Sie denjenigen, den Sie aktivieren möchten, und klicken Sie auf das kleine Monitorsymbol rechts neben dem Proxysel-Fenster. Es sollte hellblau werden, wie hier zu sehen:

Und Sie sollten auch die numerische IP-Adresse unten

rechts auf Ihrem Browser-Bildschirm sehen.

Beachten Sie, dass in der Liste, die ich gerade hinzugefügt habe, nicht alle Proxies im selben Land sind. Das ist eine gute Sache, denn es ermöglicht es dir, online zu sein, mit dem Eindruck, an verschiedenen Orten zu sein, was dich ziemlich offensichtlich noch anonymer macht.

Die Sache, die mir bei der Verwendung von Proxysel besonders gefällt, ist, dass es Ihnen erlaubt, den Proxy-Server, den Sie alle paar Minuten verwenden, zu ändern, indem Sie einfach auf den Server klicken, den Sie gerade verwenden, und einen anderen auswählen.

Diese Fähigkeit, den Server schnell und sehr einfach zu wechseln, ist eine Sache, die die meisten Experten in der Kunst, Ihre Online-Spuren versteckt zu halten, als etwas empfehlen, das Sie tun sollten. Proxysel macht es bemerkenswert einfach, ohne Geld für Software ausgeben zu müssen, um die Arbeit für Sie zu erledigen.

Übrigens, wenn du deine Anonymität noch erhöhen willst, kannst du ein zusätzliches Sicherheitsprogramm namens Tor herunterladen und es dann aktivieren.

wann immer Sie es verwenden möchten, indem Sie auf das kleine gelbbraune Tor-Symbol rechts neben dem Monitor-Symbol im vorherigen Screenshot klicken.

Die Verwendung von Tor zusätzlich zum Routing durch einen der hochanonymen Proxies kann die Dinge manchmal ein wenig verlangsamen, aber es erhöht auch deutlich deine Sicherheit, was für jeden Black Hatter immer etwas ist, das du tun solltest.

FOKUSSIERUNG AUF NATRLICHE SUCHERGEBNISSE

Wie bereits erwähnt, ist die Idee, bei der Erstellung einer Website, Black Hat oder White, so viele Besucher auf Ihre Website zu bekommen, wie Sie aus den natürlichen Suchmaschinenergebnissen ziehen können, die auf der linken Seite der Ergebnisseite.

Die Art und Weise, wie dies am häufigsten geschieht, ist durch die Optimierung Ihrer Website, so dass die Menschen sie finden, wenn sie suchen, und die Art und Weise, wie dies normalerweise erreicht wird, ist durch die Anpassung Ihrer Website an die Suchbegriffe, die Menschen verwenden.

Wir werden uns später etwas ausführlicher damit befassen, aber im Moment ist es wichtig zu verstehen, dass man, um dies zu ermöglichen, wissen muss, was diese Suchwörter oder Begriffe sind. Darüber hinaus müssen Sie die Begriffe und Phrasen finden, die Menschen verwenden, die am stärksten darauf hinweisen, dass sie an welchem Produkt oder welcher Dienstleistung Sie auf Ihrer Webseite werben, interessiert sein könnten.

In der Internet-Marketing-Sprache, müssen Sie einige Keyword-Recherche zu tun.

Stellen Sie sich vor, Sie bewerben ein E-Book, das ein detaillierter Leitfaden zur "Pflege von Perserkatzen" ist.

Sie mögen denken, dass Menschen, die das Internet nur mit dem einzigen Wort "Katzen" durchsuchen, ein guter Zielmarkt für Sie sein könnten, aber Sie irren sich aus mehreren Gründen.

Der erste Grund ist, dass jemand, der mit nichts anderem als "Katzen" sucht, mit ziemlicher Sicherheit nach umfassenden Informationen auf der allgemeinsten Ebene sucht. Sie tun sicherlich nichts, um anzuzeigen, dass sie daran interessiert sein könnten, ein detailliertes Informationsprodukt wie Ihres zu kaufen.

Der zweite Grund ist, dass jemand, der das Wort "Katzen" verwendet, nicht nach Informationen sucht, die sich speziell auf Perserkatzen beziehen, denn wenn sie es wären, dann wäre das der Suchbegriff gewesen, den sie verwendet haben.

Fügen Sie diese beiden Gründe zusammen und Sie haben jemanden, der 99,99% sicher ist, Ihr E-Book nicht zu kaufen, obwohl er, zumindest in der Theorie, ein Katzenmensch ist.

Sie müssen Ihre Werbeaktivitäten auf Menschen konzentrieren, die nach weitaus spezifischeren Informationen suchen. Also, die Begriffe, die Sie mit Ihrer Website verwenden sollten, sind Phrasen wie "Perserkatzen", "Perserkatzenpflege" und so weiter.

Es gibt zwei Schnellsuchen, die Sie jetzt durchführen können, um Ihnen einen Hinweis darauf zu geben, wie einfach oder schwierig es sein wird, Besucher auf Ihre Website mit diesen Begriffen zu ziehen.

Zuerst werfen Sie einen Blick auf eine Google-Suche, um zu sehen, wie viele andere Websites um den gleichen Satz konkurrieren:

Das sind ziemlich viele Ergebnisse, aber die gezeigte Figur erzählt nur die Hälfte der Geschichte. Was Sie wirklich herausfinden möchten, ist die Anzahl der Websites, die den genauen Ausdruck Perserkatzen verwenden, während Sie hier eine Liste aller einzelnen Webseiten sehen, die Perserkatzen erwähnen - es kann also Websites geben, die mehrere Seiten in diesen Ergebnissen enthalten.

Was Sie wissen müssen, ist, wie viele Websites mit Ihnen konkurrieren, also klicken Sie auf die Google'Erweiterte Suche':

Ändern Sie die Anzahl der Ergebnisse pro Seite, die Sie anzeigen lassen möchten, auf 100, scrollen Sie zum Ende der ersten Ergebnisseite, die Sie sehen, und gehen Sie direkt zur letzten Seite:

Goooooooooogle ▶
1 2 3 4 5 6 7 8 9 10   Next

Das ist es, was Google jetzt zeigt:

Results 801 - 849 of a

Und am Ende der Seite finden Sie die Erklärung, warum jetzt nur noch 849 Ergebnisse angezeigt werden:

In order to show you the most relevant results, we have omitted some entries very similar to the 849 already displayed. If you like, you can repeat the search with the omitted results included.

So haben Sie alle anderen Seiten herausgefiltert, die von den gleichen oder ähnlichen Seiten zu sein scheinen, was bedeutet, dass Sie es mit nur 849 anderen Seiten zu tun haben.

Als nächstes werfen Sie einen Blick auf das kostenlose Keyword-Recherchetool von Wordtracker. Dies zeigt Ihnen ungefähr, wie viele Suchanfragen es pro Tag für jedes von Ihnen eingegebene Schlüsselwort oder jede von Ihnen eingegebene Phrase gibt:

"persian cats"

729 searches (top 100 only)	
Searches	Keyword
404	persian cats
42	dogs and cats not persian
17	dogs + cats - persian
17	persian long haired odd eyed cats
14	persian cats for sale
12	persian cats oklahoma
12	persian cats sussex england
11	ivdd in persian cats
11	persian burmese cross cats
7	highlite persian cats
7	persian cats in dayton, ohio

Es gibt 729 Suchanfragen pro Tag nach Phrasen und Begriffen, die die Wörter "persisch + Katzen" enthalten. Noch wichtiger ist, dass Wordtracker Ihnen genau sagt, was diese Schlüsselbegriffe oder Phrasen sind, so dass Sie wissen, auf welche Begriffe Sie Ihre Website konzentrieren sollen.

Was Sie dann tun würden, ist, eine neue Seite auf Ihrer Website für jeden Satz, den Sie anstreben, zu erstellen und jede dieser Seiten zu monetarisieren. Die genaue Art und Weise, wie Sie das schnell und einfach mit freier oder bezahlter Software machen würden, werden wir später näher betrachten.

SEO STEHT NIE STILL.

Egal, ob es sich um Black Hat oder White Hat Suchmaschinenoptimierungstechniken handelt, die Sie in Betracht ziehen, Tatsache ist, dass SEO nie stillsteht.

Während sich das Website-Design weiterentwickelt und die Suchmaschinenspider immer anspruchsvoller und "intelligenter" werden, entwickeln sich auch die effektivsten SEO-Taktiken im Laufe der Zeit. Aus diesem Grund werden Dinge, die vor ein oder zwei Jahren hätten funktionieren können, jetzt nicht unbedingt funktionieren.

Als Beispiel, eine "klassische" Black Hat-Technik, die früher sehr effektiv war, war es, die Keywords oder Phrasen, die Sie gerade entdeckt haben, zu den Seiten Ihrer Website hinzuzufügen, aber in Text, der die gleiche Farbe wie Ihr Seitenhintergrund hatte.

Auf diese Weise konnten Ihre menschlichen Besucher sie nicht sehen, und so wurde ihr Seherlebnis beim Besuch Ihrer Seite nicht gestört. Die Suchmaschinenspider konnten sie jedoch sehen, und so würden sie diese Seiten nach den "unsichtbaren" Schlüsselwörtern indizieren, die auf Ihrer Seite enthalten waren und die Besucher zu Ihrer Website führen würden.

Was die Suchmaschinenbetreiber betrifft, so betrog dies ihr System, weil Sie nichts taten, was die Qualität des Erlebnisses für Ihren Besucher verbesserte, während Sie Besucher einbrachten, die, was sie betraf, Sie nicht "verdient" hatten.

Jetzt können die Spider, die die Suchmaschinen an Ihre

Website senden, "sehen", ob der Text auf Ihrer Seite sichtbar ist oder nicht, so dass diese Taktik nicht mehr funktioniert. Übrigens, wenn Sie daran interessiert sind zu wissen, welche Suchmaschinenspider Ihre Website besuchen und wie oft, können Sie dies aus den Statistikprogrammen herausfinden, die in das Verwaltungsfenster Ihrer Website integriert sind:

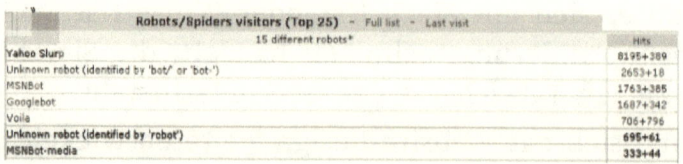

Und wenn Sie keinen Zugriff auf diese Informationen über Ihr eigenes Seitenverwaltungssystem haben, können Sie den Google Analyticscode kostenlos zu Ihren Seiten hinzufügen, und das wird Ihnen sagen.

Selbst wenn Sie Black Hat SEO-Techniken anwenden werden, um Ihre Seiten zu erstellen, wird nicht alles, was Sie tun, Zeug sein, das wahrscheinlich die guten Leute bei Google, Yahoo und MSN stören wird. In der Tat, es gibt viele Dinge, die Sie sollte das tun, was für die Suchmaschinen völlig akzeptabel ist, denn sie sind darauf ausgelegt, wenig mehr zu tun, als ihre Arbeit einfacher zu machen!

Diese streng weißen Hut SEO Taktiken beinhalten:

- Stellen Sie sicher, dass Ihre Website eine genaue Sitemap hat und dass die Karte von Ihrer Homepage aus verlinkt ist. Dies hilft den Suchmaschinen-Spidern, sich leicht auf Ihrer Website zurechtzufinden, und das stellt sicher, dass jede Seite indiziert werden sollte. Es gibt viele Websites, die es Ihnen ermöglichen, qualitativ hochwertige HTML- und Text-Site Maps kostenlos zu erstellen (hier und ein paar Beispiele), und der Vorteil der Verwendung ist, dass die von ihnen produzierte HTML-Codierung wahrscheinlich genau und auch suchmaschinenfreundlich ist.

- Die großen Suchmaschinen mögen es, verschiedene Seiten zu sehen, die klar von jeder Verkaufsseite verlinkt sind, die auf Ihrer Website angezeigt wird. Dazu gehören auch eine Seite mit den Allgemeinen Geschäftsbedingungen, ein Haftungsausschluss für Verdienste und ein Kontaktformular. Wenn Sie diese von Ihrer Website weglassen, bedeutet das, dass Ihre Seite definitiv nicht so suchmaschinenfreundlich ist, wie sie sein sollte.

- Stellen Sie sicher, dass die interne Linkstruktur Ihrer Website ordnungsgemäß funktioniert und dass alles mit dem Ziel verknüpft ist, wohin es gehen soll. Dies wird wieder helfen, die Suchmaschinen-Spider zu finden, wohin sie gehen, wenn sie Ihre Website besuchen, und stellt sicher, dass alle Seiten, die Sie gefunden werden wollen, gefunden werden.

- Manchmal verwenden Sie stilisierte Seiten (z.B.

einen selbst gehosteten Wordpress-Blog) für Ihre Seite. Wenn ja, stellen Sie sicher, dass keine "nofollow"-Tags aktiviert sind, da dies bedeuten würde, dass die Spider keinen Links von dieser Seite gefolgt sind. Stattdessen müssen die 'dofollow'-Tags vorhanden sein, und dazu können Sie in Wordpress einfach das 'dofollow plug-in' herunterladen und installieren.

- Jede Seite muss einen passenden Titel haben, der die Keyword-Phrase enthält, die Sie im HTML (oder einem anderen Codierungsformat) der Seite verwenden.

- In Ihrer HTML-Codierung sollte es eine Meta-Beschreibung geben, da dies die Phrase ist, die unter dem Titel Ihrer Website in den Suchmaschinen-Ergebnisseiten erscheint:

Do Follow Plugin For WordPress Page title
The Do Follow plugin removes the nofollow attribute that WordPress adds in comments. Description
www.semiologic.com/software/wp-tweaks/dofollow/ - 21k - Cached - Similar pages

- Auf der sichtbaren Seite sollte es eine Überschrift geben, die den Besucher darüber informiert, was auf Ihrer Seite passiert. Dies ist möglicherweise der wichtigste Teil der Seitenkopie, und Sie sollten sich daher Zeit nehmen, um sie zu erhalten.

richtig, und um sicherzustellen, dass es Ihre Schlüsselwörter enthält. Dies sollte auch in H1 oder H2 Schriftgröße erfolgen.

- Darunter sollte es eine Unterüberschrift geben, die die Beschreibung, die Sie mit dem Bauen begonnen haben, in der Überschrift ergänzt.
- Die On-Page-Dichte Ihrer Keyword-Phrase sollte zwischen 4-8% liegen. Alles weniger als das und Sie optimieren Ihre Seite nicht für diese Keyword-Phrase, etwas mehr als das wird die Suchmaschinenspider glauben lassen, dass Sie vielleicht "Keyword-Füllung" Ihrer Seite sind, was eine weitere Black-Hat-Technik war, die die Leute früher verwendeten, die nicht mehr funktioniert.

Wie bereits erwähnt, sind alle diese SEO-Techniken völlig akzeptabel White Hat SEO-Taktiken, die jeder vernünftige Webmaster anwenden muss, um sicherzustellen, dass ihre Webseiten von den Suchmaschinen-Spidern gefunden und richtig indiziert werden.

Jetzt werden wir in die Bereiche von Black Hat SEO einsteigen, warum Sie es vielleicht nutzen wollen und wie Sie dies erreichen können.

WARUM BLACK HAT SEO TAKTIKEN VERWENDEN?

Wenn Sie Ihre Website nutzen wollten, um Geld zu verdienen, und dies auf eine Weise geplant haben, die den Regeln entspricht, die Google und Yahoo von Ihnen verlangen - wenn Sie eine White Hat-Site erstellen würden, mit anderen Worten - dann würden Sie diese Website auf eine bestimmte Weise aufbauen. Insbesondere würde jede Seite Ihrer Website mit der Art von hochwertigen Inhalten gefüllt werden, die die Suchmaschinen lieben, einzigartige Materialien, die regelmäßig und ständig aktualisiert werden.

Diese Art von White Hat Website würde wahrscheinlich Geld für Sie verdienen, aber es wird Zeit brauchen, dies zu tun, und das kann nicht die Zeit sein, die Sie nehmen wollen, bevor Sie anfangen zu sehen, wie das Geld hereinkommt.

Ich möchte jetzt anfangen zu verdienen!
Was wäre, wenn Sie sofort anfangen wollten, Geld zu verdienen, und sich nicht besonders darum kümmerten, wie Sie das gemacht haben? Stellen Sie sich zum Beispiel vor, dass Sie anstelle einer qualitativ hochwertigen, mit Inhalten gefüllten Website eine Website aufbauen sollten, die wenig oder gar keinen hochwertigen Inhalt hat, eine Website, die mit wenig, aber zum Beispiel Werbematerialien gefüllt ist?

Diese Seite würde wahrscheinlich auch Geld verdienen, besonders wenn die Anzeigen alle Pay- Per-Click wären, so dass jedes Mal, wenn jemand auf die Anzeige auf Ihrer Seite klickte, Sie bezahlt wurden. Das Problem wäre, dass eine solche Website keine Qualität haben würde, was die Suchmaschinen betrifft, und sie wären unwahrscheinlich, dass sie die Seiten, die Sie erstellt haben, indizieren würden.

Dies wiederum bedeutet, dass Ihre Website nicht in den natürlichen Suchmaschinenergebnissen enthalten ist, und daher werden Sie keine Besucher aus den natürlichen Suchmaschinenergebnissen genießen, was Ihr Ertragspotenzial ernsthaft einschränken würde.

Stellen Sie sich vor, es gäbe ein Werkzeug oder eine Ressource, die es Ihnen ermöglichen würde, die Suchmaschinenspider zu "täuschen", damit sie glauben, dass die Materialien, die Sie auf Ihrer Website verwenden, von hoher Qualität sind und genau die Art von Seiten sind, die sie sehen möchten.

Dies würde bedeuten, dass die Suchmaschinenspider Ihre Seiten indizieren und dann bewerten würden, so dass Ihre Seiten anfangen, in den natürlichen Suchergebnissen zu erscheinen.

Das beginnt, organischen Traffic auf Ihre Website zu bringen.

Der Trick wäre jedoch, dass, wenn diese Besucher dort ankommen, ihnen nichts anderes als Anzeigen präsentiert werden, und diese Seiten so gestaltet werden, dass sie alles tun, was sie können, um Klicks auf diese Anzeigen zu "zeichnen", so dass Sie Ihren Gewinn maximieren.

Dies würde eindeutig bedeuten, dass Sie die Suchmaschinenspinnen zu Ihrem eigenen finanziellen Vorteil "austricksen", und das ist nicht etwas, worüber die Leute bei Google oder Yahoo! glücklich sein werden. Du würdest definitiv in das Black Hat Territorium einziehen, wenn so etwas möglich wäre.

Black Hat SEO

Weißt du was?

Es ist möglich, durch eine Technik namens Cloaking, und aus diesem Grund, Cloaking ist möglicherweise einer der besten Freunde Black Hat SEO Praktiker jemals haben könnte.

Um Ihre Website zu tarnen, benötigen Sie eine spezielle Software, die die Arbeit erledigt oder Sie. Zu den besten Programmen, die ich kenne, gehört Search Engine Cloaker, obwohl einige der Black Hat Site Builder Software, die wir uns später ansehen werden, auch mit integrierter Cloaking Software ausgestattet sind.

Wenn Sie Cloaking-Software auf Ihrer Website installieren, bewertet sie jeden Besucher, der auf Ihre Website kommt, um zu entscheiden, ob es sich um einen echten Menschen oder eine Suchmaschinenspinne handelt.

Robots/Spiders visitors (Top 25) – Full list – Last visit	
15 different robots*	Hits
Yahoo Slurp	8195+389
Unknown robot (identified by 'bot/' or 'bot-')	2653+18
MSNBot	1763+385
Googlebot	1687+342
Voila	706+796
Unknown robot (identified by 'robot')	695+61
MSNBot-media	333+44

Wie wir in diesem Screenshot gesehen haben:

Sogar die Statistikprogramme, die in Ihre Website integriert sind, können dies tun, so ist es nicht so schwierig, obwohl die Suchmaschinen ständig die IP-Adressen ändern, von denen sie die Spider senden, daher der "Unbekannte Roboter" in der dargestellten Tabelle.

Sie tun dies, weil sie wissen, dass viele Websites Cloaking-Software verwenden, und dass die verwendete Software auf ihrer Fähigkeit beruht, die Spinnen zu erkennen, wenn sie auf einer getarnten Website ankommen.

Wenn diese Software "sieht", dass ein Besucher ein Spider-Roboterprogramm ist, zeigt sie diesem Spider genau das, was er sehen will. Search Engine Cloaker zum Beispiel erstellt viele Seiten mit scheinbar hochwertigen Inhalten (d.h. genau das, was die Spinne sehen will) "on the fly" und präsentiert diese Materialien dem Roboter.

So ist die Suchmaschine "glücklich" und Ihre Seiten werden indiziert und dann geordnet.

Wenn ein echter Mensch Ihre Website besucht, wird er jedoch sehen, was auch immer es ist, dass Sie ihnen wirklich zeigen wollen, was in diesem Fall Seite für Seite nichts als Werbung ist.

Aus offensichtlichen Gründen ist Cloaking keine Praxis, der die Suchmaschinen zustimmen, und sobald Sie entdeckt werden (was Sie wahrscheinlich früher oder später sein werden), wird Ihre Website de-indiziert und von den Ergebnisseiten entfernt.

Bis dahin bist du jedoch in einer guten Position, um mit deinen getarnten Seiten viel Geld zu verdienen!

Tarnung ist nicht immer böse!

Obwohl sich die Situation allmählich ändert, sind die Suchmaschinenspider immer noch darauf vorbereitet, Textinhaltsmaterialien auf den Webseiten zu lesen, die sie besuchen.

Wenn Sie also eine Seite hätten, die sehr stark auf Video-, Audio- oder Grafikmaterial ausgerichtet war, mit sehr wenig textbasiertem Inhalt, dann würden die Spider wahrscheinlich annehmen, dass die Seite, die Sie erstellt haben, von schlechter Qualität war, auch wenn es alles andere als eine Seite ist.

In diesem Szenario wäre die Verwendung von Cloaking aus Ihrer Sicht gerechtfertigt, da sonst die Seiten Ihrer Website wenig Chancen hätten, so indiziert zu werden, wie sie sein sollten, wenn qualitativ hochwertige Inhalte die Auswahlkriterien sind.

Die Suchmaschinen würden jedoch nicht unbedingt zustimmen, denn für sie sind Ihre Originalseiten nach ihren Kriterien Schrott.

Wenn du dich entscheidest, dieses Problem mit Cloaking zu lösen, und sie das entdecken, werden sie wahrscheinlich deine Seiten desindizieren.

Sie wissen jedoch, dass Ihre Seiten von höchster Qualität sind und Ihren Besuchern genau die Art von Erlebnis bieten, die die Suchmaschinen von Webseiten erwarten - genau das, wonach die Suchmaschinen suchen.

Sie wissen aber auch, dass die Verwendung von Cloaking bedeutet, dass die Suchmaschinen durchaus versuchen können, Ihre Website und Ihr Unternehmen zu Fall zu bringen. Was Sie also tun würden, ist, Ihre Website zu erstellen und dann eine genaue Kopie davon zu erstellen.

Anstatt die Cloaking-Software zu verwenden, um Ihre echten menschlichen Besucher zum Original Ihrer Website zu schicken, senden Sie sie an die doppelte Kopie, und auf diese Weise schützen Sie Ihre ursprüngliche Website.

Wenn dann diese doppelte Kopie der Website irgendwann desindiziert wird, würden Sie den gesamten Prozess erneut wiederholen, so dass eine weitere Kopie der Website unter einem anderen Domainnamen und einer anderen URL erneut veröffentlicht wird.

Es wäre auch eine gute Idee, auch eine andere IP-Adresse zu verwenden, und wenn Sie Shared Web Hosting verwenden, dann werden Sie wahrscheinlich einen anderen Host benötigen, um sicherzustellen, dass dies geschieht.

Dies ist ein Konzept, auf das wir im nächsten Abschnitt etwas näher eingehen werden.

DIE BEDEUTUNG EINGEHENDER LINKS

Ob Sie nun White Hat oder Black Hat Websites erstellen, es gibt bestimmte Dinge, die Sie tun sollten, die Ihrer Website helfen werden, Popularität bei den Suchmaschinen zu gewinnen. Einer der wichtigsten dieser Faktoren ist es, so viele Links wie möglich zu der Website zu generieren, die Sie aufbauen, aus zwei Gründen.

Erstens besuchen die Suchmaschinenspider jeden Tag Millionen von Websites, und wenn die Websites, auf denen sie landen, nicht das 'nofollow'-Tag in ihrer Codierung aktiviert haben, dann folgen sie allen ausgehenden Links von den Seiten, die sie besuchen. Wenn Ihre Seiten also nicht bereits indiziert sind, dann gilt: Je mehr eingehende Links Sie generiert haben, desto größer sind die Chancen, dass sie bald indiziert werden.

Zweitens werden den verschiedenen "Arten" von Links von den Suchmaschinenspidern unterschiedliche Gravitationsgrade eingeräumt, und die bei weitem wertvollsten sind einseitige eingehende Links. Dies sind Links, bei denen eine andere Website auf Ihre verlinkt, aber Sie verlinken nicht auf diese, da dies eine gegenseitige oder gegenseitige Verbindung wäre.

Der Grund dafür, dass einseitige eingehende Links viel mehr Gewicht haben, liegt darin, dass sie den Suchmaschinen-Spidern anzeigen, dass Ihre Website eine ausreichende Qualität hat, um andere Websites zu rechtfertigen, die mit ihr verlinken, während sie im Gegenzug nichts von Ihnen erhalten.

Dies gilt unabhängig davon, welche Art von Website Sie bauen. Einseitige eingehende Links sagen den Suchmaschinen-Spidern, dass Ihre Website einen inneren Wert hat, der von anderen erkannt wird. Daher, je mehr von dieser Art von Verbindung, die Sie hergestellt haben, desto ernster werden die Suchmaschinenspider nehmen, was Sie tun.

Die Generierung solcher One-Way-Links ist daher ein wesentlicher Bestandteil, um sicherzustellen, dass Ihre Website erstens so schnell wie möglich indiziert wird und zweitens die natürlichen Suchergebnisse der "League Table" so schnell wie möglich aufsteigt.

Die Menschen hinter den Suchmaschinen wissen, dass Webmaster dies verstehen, und was sie betrifft, gibt es viele Strategien zur Linkerstellung, die durchaus akzeptabel sind.

Es gibt jedoch andere, die ganz sicher nicht, und diese fallen unbestreitbar in den Bereich der Black Hat SEO-Taktik.

BLACK HAT LINK BUILDING

Das Wort "Spam" ist eines, das jeder, der irgendeine Menge an Arbeit online erledigt, fürchtet. Sie gilt jedoch im Allgemeinen für die Massen eingehender E-Mails, die diese Menschen täglich erhalten, während es andere Formen von "Spam" gibt, mit denen viele dieser Personen vielleicht nicht ganz so vertraut sind.

Einige davon zu verwenden ist eine Möglichkeit, die Black Hat SEO-Exponenten nutzen werden, um einseitige eingehende Links zu generieren. Schauen wir uns jetzt einige von ihnen an.

Kommentar Spamming

Heutzutage, egal welche Art von Website Sie betreiben, müssen Sie einen Blog anhängen. In der Tat, für viele Online-Marketing-Sites, wird die Hauptseite selbst ein Blog sein, denn das Format der Blog-Site erlaubt es dem Besitzer, so viel frischen, einzigartigen neuen Inhalt zu dieser Seite hinzuzufügen, wie er will, schnell und einfach.

Dieser Inhalt ist genau das, was die Suchmaschinenspider am meisten lieben, und aus diesem Grund sind Blogs ein wesentlicher Bestandteil jeder gut angesehenen, beliebten Website.

Eine weitere Sache, die Blogs auf eine Website bringen, ist eine gewisse Interaktion zwischen dem Eigentümer der Website und ihren Besuchern, da alle Blogs Kommentare von Besuchern einladen, die sie zu den Blog-Posts hinzufügen können, die sie lesen. Diese haben Wert zum Aufstellungsortinhaber - sie zeigen an, dass, was sie Verdienstkommentar schreiben - aber sie können Wert zum Kommentator auch haben, da sie eine Verbindung vom Blog zu ihrer eigenen Site herstellen können.

Das ist das Konzept des Kommentar-Spam, bei dem Sie so viele Blogs wie möglich finden, die Materialien enthalten, die mit jeder Art von Website in Verbindung gebracht werden können, die Sie zu bewerben versuchen. Sie fügen dann Kommentare zu diesen Blogs hinzu, um Links zurück zu Ihrer eigenen Website zu generieren.

Tatsächlich gibt es in dem, was ich bisher beschrieben habe, überhaupt nichts, was ein Black Hat ist. Wo das Posten von Blog-Kommentaren zu einer Black-Hat-Technik wird, ist, wenn Sie Software verwenden, um relativ nutzlose oder bedeutungslose Kommentare an Blogs zu posten, die Software verwenden, die nichts anderes tut, als Backlinks zu erstellen.

Zum Beispiel, mit einem Programm wie Blog Comments Posterwill können Sie viele Kommentare zu Blogseiten in Ihrer Nische sowohl schnell als auch effizient posten, während Comment Hutwill es Ihnen erlaubt, die Blogs zu finden, die Sie posten sollten.

Jedoch während das Posten von Massen von Blog-Kommentaren immer noch zusätzliche One-Way-Backlinks für Sie generiert, ist es nicht so effizient wie ein Link-Generator, wie es ein oder zwei Jahre zurück war, aus einer Reihe von Gründen.

Erstens, die Mehrheit der Blog-Besitzer moderiert eingehende Kommentare, bevor sie sie auf ihrer Website veröffentlichen. Daher, es sei denn, der Kommentar, dass Sie

Der Versuch, etwas zu posten, ist für den Inhalt des Beitrags, dem er beigefügt ist, relevant, und wenn er nicht die Qualität des Blogs insgesamt erhöht, ist es unwahrscheinlich, dass er genehmigt wird.

Auch der Eigentümer des Blogs hat völlige Diskretion darüber, welche Kommentare er genehmigt und welche nicht, die er nicht mag, so dass selbst wenn Sie qualitativ hochwertige Kommentare posten, sie möglicherweise nicht immer akzeptiert werden.

Der zweite Grund, warum Massen von Blog-Kommentaren heutzutage nicht annähernd so effektiv sind, ist, dass ein großer Prozentsatz der Blogs, die zu einzelnen Websites hinzugefügt werden, die Blogging-Plattform Wordpress verwenden, und viele von ihnen haben den Tag "nofollow" aktiviert. Dies verhindert, dass die Suchmaschinenspider externe Links erkennen oder folgen, und somit wird der Wert eines jeden Links, der durch die Veröffentlichung Ihres Kommentars erstellt wird, erheblich reduziert.

Einfach ausgedrückt, das Posten von spammy Kommentaren im Blog anderer Leute bringt Ihnen einige eingehende One-Way-Links, und sie werden wertvoll sein, aber es werden heutzutage nicht so viele sein.

Spamming in den Foren

Egal was Ihre Nische oder Ihr Markt ist, es gibt wahrscheinlich viele Foren oder Pinnwand-Seiten, die sich auf das konzentrieren, was Sie tun. Wenn Sie keine solchen Seiten kennen, werfen Sie einen Blick auf Forum Showcase, Forum Virus oder Big-Board, um zu sehen, was Sie finden können.

Finde so viele Forumsseiten wie möglich, die sich in deiner Sphäre befinden. Stellen Sie sicher, dass Sie sich über Ihren anonymen Proxy-Server verbinden und registrieren Sie eine Reihe von kostenlosen E-Mail-Konten mit Diensten wie gmail, hotmail und so weiter.

Verwenden Sie diese Konten, um sich für alle gefundenen Foren zu registrieren, und zwar mit fiktiven Mitgliedsnamen.

Viele dieser Foren ermöglichen es Ihnen, das, was als Signaturdatei bekannt ist, zu allen Beiträgen hinzuzufügen, die Sie vornehmen, und diese Datei darf einen Link zu jeder von Ihnen gewählten Website enthalten. Das Einzige, worauf Sie achten müssen, ist, diese Signaturdatei nicht zu spammy oder hyped up zu machen, noch sollte es zu viel von einer unverhohlenen Werbung oder einem "Plug" für Ihre Website sein.

Verwenden Sie auch das Schlüsselwort oder die Phrase, die Sie anstreben, als Anker-Text in jeder Signaturdatei, die Sie erstellen. Wenn Sie zum Beispiel versuchen, Leute auf eine Seite zu bringen, auf der das primäre Schlüsselwort "Schokoladenfrösche" ist, dann hätte die Signaturdatei einen Link, der so etwas wie "Visit the World's #1 [chocolate frogs](#) site" enthält, wobei der Hyperlink aus den beiden primären Wörtern bestehen würde, wie gezeigt.

Erstellen Sie nun einen Standardbeitrag und fügen Sie ihn einfach dem betreffenden Forum hinzu, und schon haben Sie einen Backlink für sich. Es muss nichts Weltbewegendes, Originelles oder Zerstörerisches sein - hallo Jungs, ich bin ein Neuling in diesem Bereich.

Die Seite, aber ich habe es mir schon eine Weile angesehen, und der Inhalt ist fantastisch' wäre gut.

Poste in so vielen Foren wie möglich und das wird einen Link von jedem einzelnen erstellen. Dies kann eine sehr effektive Taktik sein, da einige Forenseiten schon lange existieren und bereits einen recht hohen Bewertungswert erreicht haben, gemessen am Google Page Rank. Je höher die Google PR der Websites ist, die die Einweg-Links zu Ihrer Website senden, desto mehr Wert haben diese Links, so dass die Verknüpfung von Seiten mit hohem PR-Forum Ihnen sehr helfen wird.

Es ist natürlich durchaus möglich, all dies manuell zu erledigen, und je nachdem, wie viele Foren Sie auf Ihrem Marktplatz finden, könnte dies eine sinnvolle Option für Sie sein. Wenn es zum Beispiel nur eine Handvoll sind, wird es nicht allzu schwierig sein, die Arbeit manuell auszuführen.

In einigen Märkten gibt es jedoch buchstäblich Dutzende von Forumsseiten - Internet-Marketing wäre ein gutes Beispiel für eine solche Situation - und so wird die manuelle Eingabe keine effiziente Nutzung Ihrer Zeit darstellen.

Es gibt auch die Tatsache, dass nicht alle Foren es Ihnen erlauben, eine Signaturdatei zu verwenden, und in diesen Fällen ist es etwas schwieriger, einen eingehenden Link zu erhalten, da Sie dies tun müssen, indem Sie den Link in Ihre Beiträge aufnehmen. Nicht alle Standorte erlauben das auch, aber es gibt eine Lösung für dieses Problem.

Hol dir jemand anderen, der deinen eingehenden Link stattdessen in seine Beiträge einfügt!

Till Griemhard

Natürlich gibt es Software, die all dies für Sie erledigt, zu den besten gehört Forum Equalizer. Dieses Programm hat die Fähigkeit, Ihre Forumsanzeigen vor über 324.000 Mitgliedern der Forumsseite zu platzieren und gleichzeitig Hunderte von Einweg-Links in wenigen Augenblicken zu erstellen.

Die Art und Weise, wie die Software dies tut, ist auch sehr intelligent, denn was sie tut, ist, ein völlig falsches Gespräch im Forum zu schaffen.

Auf der einen Seite dieses Forums sind Sie und auf der anderen Seite ist jemand, der auf Ihren ersten Beitrag reagiert. Außer, dass in Wirklichkeit dieser Befragte auch Sie sind, aber da die Antwort von "jemandem" mit einem anderen Benutzernamen und einer anderen IP-Adresse kommt, erscheint die ganze Sache echt.

So funktioniert es.

Sie beginnen einen Forum-Thread mit einem ersten Beitrag, der so etwas wie "Ich brauche eine coole Software, die mir helfen kann, ABC zu machen" sagt. Hat jemand irgendwelche Empfehlungen?

Ihr Befragter (d.h. Sie, über die Forum Equalizer Software) antwortet: "Ich benutze das XYZ-Programm, das Sie von xyzsoftware.com erhalten können. Es ist extrem schnell und effizient und ich benutze es ständig. Sehr empfehlenswert' Natürlich ist dieser Link Ihr eigener Vertriebslink, was ein Grund dafür ist, dass dies alles sein sollte.

unter einem falschen Namen durchgeführt, um zu verhindern, dass jemand eine Verbindung zwischen dem Benutzernamen des Forums und einem Namen, der an diesen Link angehängt ist, herstellt.

Du schreibst zurück: Danke. Ich habe es ausgecheckt und es sieht so aus, als wäre es genau das, was ich brauche", und das ist im Wesentlichen die geleistete Arbeit.

Die Verwendung von Software wie Forum Equalizer ist eine extrem effektive Taktik, die zwei positive Effekte hat.

Der erste Effekt besteht darin, dass es eine einseitige eingehende Verbindung über den Link im Beitrag des Befragten erzeugt.

Der zweite Effekt ist, dass es auch Verkäufe für Sie schafft, weil alle Forumsmitglieder an demselben Thema interessiert sind wie Sie (sie sind Mitglieder eines fokussierten Forums, erinnern Sie sich). Sie werden ihnen eine Lösung für ein Problem vorgelegt haben, mit dem viele dieser Mitglieder selbst schon einmal konfrontiert gewesen sein werden, und deshalb werden einige von ihnen einen Blick darauf werfen und die vorgeschlagene Lösung kaufen.

Trackbacks treffen

Alle wichtigen Blogging-Plattformen verfügen über eine Trackback-Funktion, die im Allgemeinen standardmäßig aktiviert ist. Wenn es aktiviert ist, bedeutet das, dass jedes Mal, wenn Sie einen Beitrag verfassen, der sich auf eine von jemand anderem betriebene Blog-Site bezieht, Ihr Blog automatisch einen Trackback-Ping sendet, um sie darüber zu informieren.

Das Schöne an Trackbacks ist, dass nur sehr wenige Menschen wirklich wissen, wie sie funktionieren, und nur sehr wenige Menschen bemühen sich, die Trackbacks, die sie empfangen (oder senden), so zu moderieren, wie sie es zum Beispiel bei eingehenden Blog-Kommentaren tun.

Es besteht daher eine weitaus größere Chance, dass ein Spammy-Versuch, einen Link mit Trackbacks zu erstellen, erfolgreich ist, als es jemals mit Blog-Kommentaren geschehen wird.

Das Problem ist jedoch, dass Links, die durch Trackbacks erstellt werden, gegenseitige Links sind, und wir haben festgestellt, dass solche Links nicht die Autorität von einseitigen eingehenden Links haben. Was Sie daher tun müssen, ist, das Trackback-System so zu "verfeinern", dass die erstellten Links nur eine Richtung sind, und das ist in Ihre Richtung.

Um dies zu tun, gibt es Software zur Verfügung, aber das einzige Programm, das ich kenne, das die Aufgabe automatisiert, ist Trackback Spider, und die Seite ist normalerweise geschlossen. Alternativ können Sie auch ein manuelles Trackback mit dem auf der Wiz Bang Blog-Seite veröffentlichten Formular erstellen, obwohl dies offensichtlich ein viel langsamerer Prozess ist.

Die erste Sache, die Sie tun müssen, bevor Sie anfangen können, Trackbacks zu erstellen, ist, die Blog-Sites in Ihrer Nische oder Ihrem Markt zu finden, wo Ihre Trackbacks liegen.

kann gesendet werden. Sie können dies tun, indem Sie durch Google Blog Search suchen, oder indem Sie sich eine der wichtigsten Blog-Verzeichnis-Websites ansehen, die hier zu finden sind.

Results 1 - 10 of about 459,000 for "trackback address for this post".

Blog-Seiten mit der aktivierten Trackbacks-Ressource können auch gefunden werden, indem man eine Suche über die Google-Suchmaschine durch Eingabe des Begriffs "Trackback-Adresse für diesen Beitrag" durchführt, da dadurch eine Liste der relevanten Blog-Seiten angezeigt wird:

Das ist eine gute Anzahl von Blogs, die Sie starten können Trackbacking, und das sollte eine schöne neue Tranche von One-Way-Eingangslinks generieren.

Denken Sie jedoch daran, Ihren Proxy-Server zu verwenden, wenn Sie Ihre Beiträge verfassen, und ändern Sie den Server, den Sie häufig verwenden, so dass jeder Trackback, den Sie an jeden Blog senden (Sie können so viele senden, wie Sie wollen), nicht von derselben IP-Adresse kommt.

Versuchen Sie auch, ein wenig Phantasie zu benutzen und die Trackback-Informationen zu ändern, die Sie verwenden, um zu bloggen, so dass die Besitzer nicht anfangen, ein Muster zu erkennen und Ihre Trackbacks zu blockieren. Je früher du verrätst, dass du sie mit Spam versorgst, desto schneller wird ein Blog-Besitzer wahrscheinlich deinen Trackback atomisieren, also versuche, ihn so lange wie möglich am Laufen zu halten, indem du einfallsreich bist.

Gästebuch-Kommentare

Tausende von Website-Besitzern haben auf ihrer Website "Gästebücher", in denen sie Sie einladen, Kommentare zu hinterlassen. Halten Sie die Website-Besitzer damit zufrieden und erstellen Sie jedes Mal einen eingehenden Link.

Solange Sie vermeiden, Ihre eigenen Links zu Gästebüchern hinzuzufügen, die bereits mit schlechten, spammy Links gefüllt sind, und sicherstellen, dass der Link, den Sie hinzufügen, ziemlich gut durchdacht ist, dann wird dies einige nette Links von Websites schaffen, die, weil sie oft älter sind, einen recht vernünftigen Page Rank haben.

AUFBAU EINER BLOG-FARM

Eine weitere Black-Hat-Methode zum Erzeugen von eingehenden One-Way-Links für Ihre Website ist der Aufbau einer "Blog-Farm", die im Wesentlichen ein vernetztes Netzwerk von Blogs ist. Hier ist, wie du es machst.

Der erste Schritt ist die Eröffnung mehrerer Konten mit gehosteten Blogging-Plattform-Sites wie Blogger.com, Wordpress.com oder LiveJournal.

Die Verwendung einer dieser Websites bedeutet, dass die Blogs, die Sie erstellen werden, um sie für Links zu "farmen", nicht auf Ihrem Webhosting-Account gehostet werden, so dass Ihr Risiko reduziert wird. Auch da eine Website wie Blogger tatsächlich im Besitz von Google selbst ist und von Google selbst gehostet wird, werden alle Blogs, die Sie dort erstellen, sehr schnell indiziert werden.

Jedes dieser verschiedenen Konten sollte von einer anderen IP-Adresse (über Ihren Proxy-Server) und einer anderen E-Mail-Adresse geöffnet werden, also gehen Sie zurück zu der Liste der kostenlosen E-Mail-Konten, die Sie zuvor eingerichtet haben, und verwenden Sie diese, um Ihre Konten zu erstellen.

Als nächstes richten Sie zwei oder drei Blogs ein, die an jedes der Konten angehängt sind, die Sie gerade erstellt haben. Verwenden Sie eine andere Vorlage für jeden, und stellen Sie sicher, dass jeder auf ein bestimmtes Keyword konzentriert ist, auf das Sie Ihre Werbeaktivitäten konzentrieren. Verwenden Sie dieses Schlüsselwort im Blog-Titel und (wenn möglich) auch in der Blog-Adresse oder URL.

② **Name** your blog

Blog title	Chocolate Frogs
	Your blog's title will appear on your published blog, on your profile.
Blog address (URL)	http:// chocolate-frogs .blogspot.com
	Check Availability
	The URL you select will be used by visitors to access your bl

Wenn Sie also zum Beispiel Blogger verwenden und das Schlüsselwort, das Sie anstrebten, war "Schokoladenfrösche", würde der Eingabebildschirm so aussehen:

Sobald jeder Blog erfolgreich erstellt wurde, dann müssen Sie Ihren ersten kurzen Beitrag für jeden einzelnen schreiben. Fügen Sie das primäre Schlüsselwort mindestens zwei- oder dreimal in jeden dieser Beiträge ein, so dass die Suchmaschinenspider genau wissen, worum es auf der Seite geht.

Dann verknüpfst du sie alle miteinander, aber so, dass sie alle jeweils einen Link senden und empfangen. Also, wenn Sie Blogs A-F hatten (und natürlich die mehr Blogs, die Sie haben, desto mehr Links können Sie generieren), das Verknüpfungsmuster würde in etwa so aussehen:

A --> B --> C --> D --> E --> F --> A

Um die Vernetzung all dieser Farm-Blogs zu verbergen, ist das Beste, was mit diesen Blogs zu tun hat, sie auf verschiedenen Blog-Plattformen zu hosten und sie an verschiedene Accounts anzubringen. Zum Beispiel können Sie zwei

Blogs von Blogger gehostet haben, zwei auf Wordpress.com und die beiden letzten auf LiveJournal. Dies stellt sicher, dass es nicht ewig dauert, bis Ihr verbundenes Netzwerk wieder betriebsbereit ist, wenn eines Ihrer Konten geschlossen wird.

Alle diese Blog-Seiten zeigen zurück zu den Hauptseiten Ihrer Website, entweder zu den getarnten Seiten, die Sie früher erstellt haben, oder direkt zu Seiten, die für das gleiche Keyword optimiert sind, das auf Ihrer Blog-Seite angezeigt wird.

Nachdem alle Blogs mindestens den ersten Beitrag zu ihnen hinzugefügt haben, müssen Sie den Suchmaschinen Spider sagen, dass sie existieren, indem Sie die Blog-URL und den RSS-Feed zu allen wichtigen Blog-Verzeichnissen pingen. Sie können dies tun, indem Sie die Dienste von Pingoat und Feedshark nutzen, da diese beiden Seiten dazwischen fast alle wichtigen Verzeichnisse abzudecken scheinen. Es gibt eine kleine Doppelung von einem Dienst zum anderen, aber seien Sie nicht allzu besorgt über diese Tatsache.

Sobald Sie den ersten "post and ping" gemacht haben, ist das nächste, was Sie tun müssen, den Vorgang immer wieder zu wiederholen. Dies ist absolut notwendig, um die Suchmaschinenspider, die regelmäßig zurückkehren, zu halten, und das ist der Schlüssel, um sicherzustellen, dass Ihre Blog-Farm effizient arbeitet.

Dies manuell zu tun ist möglich, aber es ist auch wahrscheinlich, dass es langweilig wird, und je nach Größe des "Bauernhofs", den Sie bauen, kann es auch viel Zeit in Anspruch nehmen.

Der Aufbau großer Blog-Farmen ist jedoch eine sehr effektive Methode, um viele eingehende One-Way-Links zu erstellen. Auch, solange Sie regelmäßige Inhalte zu diesen Blogs hinzufügen können, dann wird sich die Qualität dieser Links im Laufe der Zeit verbessern, sowie Ihre einzelnen Blog-Seiten gewinnen Google Page Rank, wie sie immer beliebter werden.

Der andere wichtige Faktor über Blog-Farmen ist, dass Sie sie immer wieder verwenden können, um alle (und alle) Ihrer zukünftigen Projekte zu fördern, indem Sie einfach Links aus den verschiedenen Blogs zu allen Seiten hinzufügen, die Sie bewerben.

In der Tat, daher, gute Qualität Blog-Farmen wird zu einem immer wertvolleren Vermögenswert für jedes Unternehmen, das Sie beschließen, online zu fördern, so sollten sie gepflegt werden.

Aus all diesen Gründen können Sie erwägen, den gesamten Prozess der Veröffentlichung von Blog-Inhalten mit einem Softwareprogramm wie Blogger Generator zu automatisieren, um das Notwendige für Sie zu tun.

Die Frage ist, warum die Erstellung einer solchen Blog-Farm allgemein als eine Black Hat Linking-Strategie angesehen wird. Schließlich ist das Einzige, was du tust, perfekt gute Blogs zu erstellen und sie miteinander zu verbinden. Es ist kaum unethisch, das zu tun, und schon gar nicht illegal, oder?

Dies ist ein perfektes Beispiel für die Idee, dass das, was Black Hat ist und was nicht ganz von den Meinungen der Leute abhängt, die die Suchmaschinen betreiben, ohne dass es einen Hinweis auf Unangemessenheit oder Mangel an Ethik geben muss.

Der Punkt, insoweit die Suchmaschinen betroffen sind, ist, dass die Verwendung von Blog-Farmen auf diese Weise irgendwie die wahre Popularität der Seiten der Website, zu denen Sie Links senden, verzerrt, und dass Sie künstlich den wahrgenommenen Wert Ihrer Website aufblähen.

Vielleicht sind Sie das, aber ist das nicht das, was jemand, der online vermarktet, immer tut? Ich würde das sagen, aber das ist nur meine Meinung, und natürlich stimmen die Leute hinter den Suchmaschinen nicht mit mir überein!

Wie bei allen Taktiken, die (von den Suchmaschinen) als Black Hat angesehen werden, sind Sie die einzige Person, die entscheiden kann, ob Sie sich mit der Idee der Link-Generierung über Blog-Farmen wohl fühlen.

EIN KURZER BLICK AUF DIE VERKNPFUNG VON WHITE HAT LINKS

Zusätzlich zu den Black Hat Linking-Strategien, die wir vorhin untersucht haben, gibt es viele Möglichkeiten, wie Sie eingehende Links mit Hilfe von White Hat-Taktiken generieren können. Hier sind einige der bekanntesten.

- Artikel schreiben und einreichen: Erstellen Sie Artikel, die 400-600 Wörter lang sind, die Ihre primären Schlüsselwörter und Phrasen kennzeichnen, und reichen Sie sie für Publikation durch die Hauptartikelverzeichnisaufstellungsorte wie Ezineartikeln, Goartikeln und articledashboard ein. Der Vorteil dabei ist, dass es zunächst einen eingehenden Link von der Verzeichnisseite selbst erstellt, und da diese Seiten oft einen hohen Google PR haben, sind diese Links wertvoll. Zweitens können andere Webmaster Ihre Artikel lesen, die sie mögen, herunterladen und auf ihren eigenen Seiten veröffentlichen. Das fügt auch zusätzliche einseitige eingehende Links hinzu.

- An Site-Verzeichnisse senden: Senden Sie Ihre Website oder Blog-Details an die wichtigsten Online-Verzeichnisprogramme. Eine Liste der Websites, die Sie ermutigen, kostenlos einzureichen, und derjenigen, die für die Einreichung Gebühren erheben, finden Sie hier. Jedes Verzeichnis, das Ihre Daten hinzufügt, fügt weitere Einweg-Links hinzu, und da diese Seiten in der Regel sehr gut etabliert sind, ist auch der Wert der eingehenden Links tendenziell recht gut.

- Social Bookmarking Seiten: Das Einreichen Ihrer Geschichten oder Artikel bei den Top Social Bookmarking Seiten wie Digg, SlashDot, StumbleUpon oder Del.icio.us kann zwei große Vorteile für Ihre Seite haben. Das erste ist, dass, wenn Sie etwas einreichen, das populär genug wird, um auf der Startseite der betreffenden Website zu erscheinen, Sie Tausende und Abertausende von einzigartigen Besuchern auf Ihrer Website innerhalb von 24-48 Stunden sehen werden. Zweitens, selbst wenn Sie es nicht schaffen, auf diese Weise auf 'Pay-Dirt' zu treffen, erhalten Sie immer noch eingehende Links von diesen Seiten, und wie alle anderen Google PR 7, 8 und 9 geordneten Seiten sind auch diese Links äußerst wertvoll, und natürlich sind sie auch alle kostenlos.

SOFTWARE ZUR ERSTELLUNG VON WEBSITES

Eine Möglichkeit, wie Black Hat Marketingspezialisten ihr Geld verdienen, ist, indem sie lange Listen von Keywords erstellen und dann riesige Websites mit Hunderten oder sogar Tausenden von Seiten erstellen, von denen jede für eine bestimmte Keyword-Phrase optimiert ist. Jede dieser Seiten wird dann monetarisiert, in der Regel mit Pay-Per-Click-Werbeprogrammen,

Offensichtlich würde das manuelle Erstellen solcher Websites ewig dauern, wenn dies also eine Option ist, die Sie in Betracht ziehen möchten, hier sind einige Softwareprogramme, die Sie verwenden können, um die Erstellung der Website für Sie durchzuführen:

RSSGM: Dieses Programm erstellt Websites, die Tausende von Seiten auf Knopfdruck anzeigen, und ist völlig kostenlos. Beachten Sie jedoch, dass es seit einiger Zeit existiert und nicht das effizienteste Programm ist, aber es ist trotzdem sehr gut und es ist kostenlos.

YACG: Dies ist ein weiteres kostenloses Programm, das wesentlich einfacher zu bedienen ist als RSSGM und einen weiteren großen Vorteil hat. Alle Programme zum Erzeugen von Seiteninhalten haben Dinge im Programm, die einen "Fußabdruck" hinterlassen, der diese Seite als eine identifiziert, die mit diesem speziellen Programm erstellt wurde. Die Suchmaschinenspider werden diesen Fußabdruck erkennen und davon ausgehen, dass es sich bei der Website um eine "junky" handelt, so dass sie indiziert wird. Diese Fußspuren müssen daher vor der Veröffentlichung der Website entfernt werden, und das ist eine wesentlich einfachere Aufgabe mit YACG als mit RSSGM.

Blog-Lösung: Dies ist kein kostenloses Programm, sondern vielleicht die vollständigste Lösung aller hier vorgestellten Website-Ersteller. Zum Beispiel ist die Tarnfunktion, die wir zuvor betrachtet haben, eine integrale Kunst des Programms, ebenso wie die Möglichkeit, eine der Tausenden von kostenlosen Wordpress-Vorlagen herunterzuladen und zu verwenden, die Sie als Grundlage für die Website finden können, die Sie erstellen. Dadurch wird sofort einer der am ehesten erkennbaren Footprints entfernt, die viele automatisch erstellte Websites aufweisen, nämlich die Vorlage, auf der die Website aufgebaut ist. Wenn Sie es ernst meinen mit der Erstellung vieler massiver Websites in wenigen Augenblicken, die Ihnen die maximale Rendite bringen, dann ist dies ein Programm, das Sie sich ansehen müssen.

FAZIT

Die einzelne wichtigste Sache, zum über Black Hat SEO und fördernde Taktiken und Techniken zu schätzen ist, dass es absolut nichts intrinsisch falsch mit irgendwelchen von ihnen durch Definition gibt, es sei denn die Definition, die Sie anwenden, ist die gleiche, die die Suchmaschinen verwenden.

Sicher, wenn Sie wirklich anfangen, die Grenzen des Black Hat zu überschreiten, dann können einige der Praktiken sehr fragwürdig werden, und in einigen Fällen sehr nahe daran, illegal zu sein, aber nichts, wovon Sie in diesem Buch gelesen haben, ist in irgendeiner Weise so.

Der einzige Grund, dass die SEO-Taktiken, die Sie hier gelesen haben, in diesem Handbuch enthalten sind, ist, dass die Suchmaschinen sie nicht mögen, und, wenn sie Sie mit solchen Taktiken erwischen, dann sind die Chancen groß, dass sie etwas gegen Sie unternehmen. Wenn Google zum Beispiel feststellt, dass Sie Ihr Blogger-Konto verwenden, um Blog-Farmen zu erstellen, wird Google dieses Konto mit hoher Wahrscheinlichkeit schließen.

Davon abgesehen, ist Google bekannt dafür, Blogger-Konten ohne jede Rechtfertigung zu schließen (es ist in der Vergangenheit zwei eigenen White Hat-Konten passiert), so dass die Verwendung von Blogger bedeutet, dass Ihr Konto immer geschlossen werden kann, unabhängig davon, ob Sie etwas falsch gemacht haben oder nicht.

Also, stellen Sie einfach sicher, dass Sie nur zwei oder drei Blogs an jedes Konto angehängt haben, das Sie öffnen und

Kopien aller Ihrer Beiträge aufbewahren, so dass Sie ein weiteres in doppelter schneller Zeit erstellen können, falls Sie dies jemals tun müssen.

Das Endergebnis ist, dass Black Hat nichts anderes bedeutet, als dass die Suchmaschinen nicht mögen, was du tust, und, zumindest für mich, was die Leute hinter Google oder Yahoo mögen oder nicht mögen, ist kein großes Anliegen von mir.

Mein Anliegen ist es, mit meinem Online-Geschäft Geld zu verdienen. Ich weiß auch, dass das Hauptanliegen der Menschen hinter den Suchmaschinen darin besteht, genau das Gleiche für ihre zu tun, egal, was sie über ihr Anliegen sagen, nämlich die Qualität der Websites, die in ihren Suchmaschinenergebnissen enthalten sind.

Schon allein aus diesem Grund zögere ich nicht, SEO-Taktiken anzuwenden, und ich würde empfehlen, dass Sie die gleiche Haltung einnehmen, beginnend jetzt.

VIEL ERFOLG MIT DEINER NEUEN TOP PLATZIERUNG

www.ingramcontent.com/pod-product-compliance
Lightning Source LLC
Chambersburg PA
CBHW021909170526
45157CB00005B/2034